LA GRAN FIESTA DE

PULPÍN COLORÍN

ASUSTADO Y PRISIONERO EN SU PROPIA FORTALEZA,

Pulpín Colorín se verá sumergido en una serie de situaciones que deberá superar con la ayuda de su mejor amiga.

Ven y sumérgete en el mágico mundo de Pulpín Colorín; acompáñalo y vive junto a él los cambios y desafíos por los que tiene que pasar.

VALORES IMPLÍCITOS:

En este cuento se fomenta el verdadero valor de la amistad, la empatía, la valentía, la confianza en sí mismo, además del respeto y la importancia de conocer y aprender a regular nuestras emociones.

MAIREN PANTOJA PULIDO

ILUSTRADO POR REBECA RODRIGO

LA GRAN FIESTA DE
PULPÍN COLORÍN

Me siento profundamente bendecida y agradecida por el apoyo y la confianza que me han brindado las personas que se han cruzado en mi camino. Principalmente, quiero agradecer a mi familia, especialmente a mi madre Luisa, a mi hija Masiel y a mi hermano Marcos, por su generosidad, lealtad, apoyo incondicional y fuerzas infinitas al creer en mí. Gracias por hacer realidad y llevar a cabo este maravilloso libro, que con gran ilusión han sentido como suyo.

«La confianza en sí mismo es el poder más valioso que te impulsa a hacer lo que te propongas. Cree en ti y verás la magia».

Mairen Pantoja Pulido.

Bajo el fondo marino, vivía un pulpo no muy común, llamado Pulpín Colorín. Era un poco diferente, pues cuando no se sentía bien, solía cambiar de color; por eso no le gustaba salir, ya que esto le hacía sentirse triste y solo. Algunos peces del arrecife solían meterse con él porque sus tentáculos eran muy coloridos.

Pulpín Colorín sabía que no era igual que los otros pulpos, y por eso se mostraba muy enfadado. Un día, Pulpín Colorín se hallaba sumergido en su gran coral dentro de una fortaleza, protegida por grandes y hermosas caracolas, a la que él llamaba «mi refugio». Esa tarde, mientras echaba una siestecita, un banco de peces, sin darse cuenta, cruzó la fortaleza. Los peces empezaron a aletear tan fuerte que levantaron una cortina de arena mientras que el pez espada vitoreaba:

—¡Oye, pulpo, sal de allí, grandullón!

Pulpín Colorín se quedó paralizado al no poder ver por culpa de la cortina de arena que le causaba un picor en sus ojos, y esto lo enfadó tanto que comenzó a echar humo por la nariz, al mismo tiempo que le salía un líquido rojo, y sus tentáculos empezaron a sacudirse con tal fuerza que los peces, al verlo tan rojo como un tomate, del susto salieron corriendo tan rápido que casi chocan entre ellos.

Pulpín Colorín tenía una amiga llamada Pitu, que era una presumida y divertida gamba. A Pulpín Colorín le gustaba mucho pasar el rato con ella, pues era la única que podía entrar a la fortaleza. Y cada vez que Pitu lo venía a visitar, sus tentáculos comenzaban a girar y ponerse de color amarillo. Ella sabía que su amigo estaba alegre porque no paraba de brillar.

Un día, Pitu fue a verlo y notó que Pulpín Colorín no brillaba, estaba cabizbajo, azulado, y sus tentáculos caídos. Entró en su refugio dando pequeños saltitos en el agua, y al verle tan malito, muy preocupada preguntó:

—¿Qué te pasa hoy, Pulpín?

—Hoy no me siento bien, estoy muy pero que muy triste —respondió con voz bajita.

—Pero ¿por qué estás triste, amigo mío? ¿Qué ha pasado?

—El banco de peces ha venido de nuevo a molestarme, ya no sé qué hacer, si yo no los molesto. ¿Por qué son así? —respondió Pulpín, desanimado.

Pitu no le quiso dar importancia al asunto y le dijo:

—No les hagas caso, solo quieren chincharte; además, no solo te molestan a ti, sino a todo el reino marino. ¡Son muy pesados con sus bromitas!

—¡Ah, vale!... —respondió Pulpín, algo dudoso.

Y Pitu, muy entusiasmada, no dudó en preguntarle:

—¿Y si a lo mejor quieren ser tus amigos?

—¡Vaya!, no había pensado en eso —respondió Pulpín, algo incrédulo.

—Quizás no saben cómo decírtelo, y por eso huyen cada vez que te ven enfadado. Tienes que salir un poco más para que te conozcan —añadió Pitu.

Pitu sabía que a su querido amigo Pulpín le costaba hacer amigos, pues era muy tímido y vergonzoso; así que tuvo una gran idea, y muy exaltada le dijo:

—¡Amigo mío, tengo una brillante idea! ¿Por qué no celebramos una fiesta? Así podrán venir todos los habitantes del fondo marino y conocerte un poco mejor. ¿No crees?... —concluyó poniendo carita risueña.

Pulpín Colorín no estaba muy seguro de que fuera una buena idea invitar a todos los habitantes del fondo marino, puesto que también vendrían los peces que tanto le molestaban.

Después de pensarlo un poco, Pulpín Colorín aceptó la propuesta, y juntos comenzaron a organizar la gran fiesta. Pitu mandó hacer invitaciones que decían: «Estáis invitados a la gran fiesta de Pulpín Colorín». Era la forma más rápida de informar a los habitantes del fondo marino.

Sin perder tiempo, ambos salieron corriendo a comprar todo lo necesario para la gran fiesta; decoraron la fortaleza con muchos globos, guirnaldas y serpentinas; la mesa estaba repleta de comida, bebidas, chuches y helados, entre otras cosas.

El gran día llegó, y Pitu se asustó un poco al ver a Pulpín Colorín de color verde. Entonces se acercó de un salto y le preguntó:

—¡Oye, amigo! ¿Te encuentras bien?

Titubeando y temblando como un flan, Pulpín Colorín respondió:

—Siento un poco de vergüenza y no quiero salir, ¡todo el fondo marino ha venido!

—¡Vamos, amigo, todo saldrá bien! ¡Ánimo!, es tu momento —le dijo Pitu, animada.

Los invitados comenzaron a llegar a la fortaleza, y al entrar se toparon con dos tiburones fortachones que hacían de vigilantes.

La primera en llegar a la fila fue doña ballena con sus ballenitas; luego Julián, el caballito de mar. Al señor calamar le daba vergüenza entrar. Estrellita de mar tenía miedo de entrar porque la podían pisar. El señor cangrejo se arregló para el gran festejo. La tortuga Lolita llegó con sus tortuguitas, y muy al fondo de la fila se veían a los peces dando empujones para poder entrar. Una vez dentro, todos empezaron a bailar, cantar, comer, beber, saltar.

Pitu, muy emocionada y meneando su menudito cuerpo al ritmo de la música, vitoreaba:

—¡Vamos, chicos, venimos a divertirnos!

FIESTA

Nadie conocía muy bien a Pulpín Colorín, sabían que vivía refugiado en su fortaleza, pero no lo habían visto mucho, y todos esperaban el momento para conocerle. De repente, poco a poco, el fondo del mar se fue oscureciendo, los invitados, asustados, se pusieron pálidos al ver una gran bola negra salir detrás de un gran coral; lentamente la bola comenzó a cambiar de color, se iba poniendo azul, amarilla, verde, roja y, de pronto, la sala de baile se iluminó con un gran destello de colores. Los invitados quedaron boquiabiertos y, catapún-chimpún, la música comenzó a sonar y todos volvieron a bailar. Pulpín Colorín tuvo el valor de salir de su escondite; se encontraba tan emocionado que no dejaba de menear sus alargados y puntiagudos tentáculos al ritmo de la música. Y al ver a todos los invitados disfrutar de su fiesta, Pulpín Colorín comenzó a ponerse de color amarillo brillante como una bombilla, y lleno de alegría, gritó:

—¡Bienvenidos a mi fiesta, amigos, ahora vamos a divertirnos!

Pulpín Colorín se sentía feliz; después de la gran fiesta, todo cambió y comenzó a tener muchos amigos, incluidos los peces, que ya no volvieron a molestarlo. Pitu se sintió muy orgullosa de su amigo, pues gracias a su ayuda, Pulpín Colorín pudo mostrarse más confiado y amigable, su fortaleza llegó a convertirse en el lugar de diversión de todo el fondo marino.

La gran fiesta de Pulpín Colorín

© del texto: Mairen Pantoja Pulido
© de las ilustraciones: Rebeca Rodrigo
© del diseño y corrección: Equipo BABIDI-BÚ

© de esta edición:
Editorial BABIDI-BÚ, 2024
Avda. San Francisco Javier, 9, 6ª, 23
Edificio Sevilla 2
41018 - SEVILLA
Tlfn: 912.665.684
info@babidibulibros.com
www.babidibulibros.com

Impreso en España
Primera edición: septiembre, 2024

ISBN: 978-84-10329-83-6
Depósito Legal: SE 1675-2024